Dominique Joly • Bruno Heitz

LA RÉVOLUTION FRANÇAISE

Merci énormément pour ton amitié. Je te souhaite une journée formidable.

Ton ancien ami :

[signature : Mathys]

Casterman
Cantersteen, 47
1000 Bruxelles

© Casterman, 2014, 2018
www.casterman.com

ISBN 978-2-203-17247-0
N° d'édition : L.10EJDN002078.N001
Dépôt légal : août 2018 ; D.2018/0053/398
Déposé au ministère de la Justice, Paris (loi n°49.956 du 16 juillet 1949
sur les publications destinées à la jeunesse).

Achevé d'imprimer en juillet 2018, en France par Pollina, Z.I. de Chasnais - F.85407 Luçon - 85541.

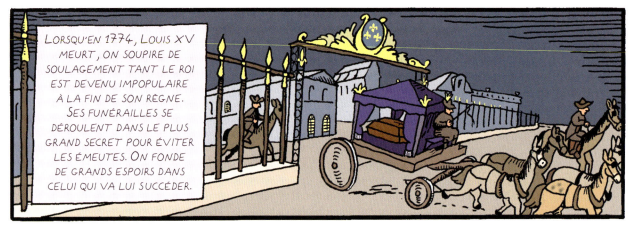

LORSQU'EN 1774, LOUIS XV MEURT, ON SOUPIRE DE SOULAGEMENT TANT LE ROI EST DEVENU IMPOPULAIRE À LA FIN DE SON RÈGNE. SES FUNÉRAILLES SE DÉROULENT DANS LE PLUS GRAND SECRET POUR ÉVITER LES ÉMEUTES. ON FONDE DE GRANDS ESPOIRS DANS CELUI QUI VA LUI SUCCÉDER.

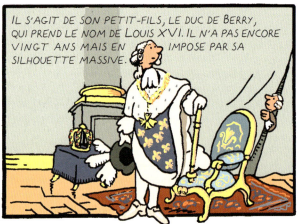

IL S'AGIT DE SON PETIT-FILS, LE DUC DE BERRY, QUI PREND LE NOM DE LOUIS XVI. IL N'A PAS ENCORE VINGT ANS MAIS EN IMPOSE PAR SA SILHOUETTE MASSIVE.

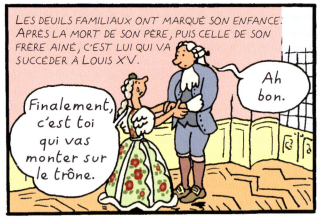

LES DEUILS FAMILIAUX ONT MARQUÉ SON ENFANCE. APRÈS LA MORT DE SON PÈRE, PUIS CELLE DE SON FRÈRE AÎNÉ, C'EST LUI QUI VA SUCCÉDER À LOUIS XV.

Finalement, c'est toi qui vas monter sur le trône.

Ah bon.

AYANT REÇU UNE ÉDUCATION COMPLÈTE, IL PARLE PLUSIEURS LANGUES. IL POSSÈDE UNE GRANDE CULTURE LITTÉRAIRE ET S'INTÉRESSE À LA GÉOGRAPHIE ET À L'ASTRONOMIE.

Venez vous divertir, Louis-Auguste. Vous avez tant travaillé.

Je finis ce livre en anglais.

OUVERT AUX IDÉES NOUVELLES, LE JEUNE ROI VEUT AMÉLIORER LE SORT DE SON PEUPLE. MAIS SON CARACTÈRE EST DOMINÉ PAR LA PRUDENCE ET L'INDÉCISION.

Faire le bonheur des hommes...

Voilà la mission du roi !

PEU À L'AISE PARMI LES COURTISANS, LOUIS XVI PRÉFÈRE S'ADONNER À SES PASSIONS : LA CHASSE ET LA SERRURERIE ! IL SUIT DE PRÈS LES TRAVAUX DU CHÂTEAU ET DU PARC ET SE MÊLE AUX OUVRIERS POUR PORTER DES PIERRES...

En 1770, LE FUTUR ROI A ÉPOUSÉ MARIE-ANTOINETTE, UNE PRINCESSE AUTRICHIENNE. CE MARIAGE SCELLE L'ALLIANCE DE DEUX ROYAUMES QUI ONT ÉTÉ PENDANT LONGTEMPS ENNEMIS.

Et dire qu'il s'agit d'une Autrichienne...

On aura tout vu!

MARIE-ANTOINETTE EST VITE POPULAIRE. AGÉE DE 19 ANS EN 1774, ELLE EST JOLIE ET SOURIANTE, MAIS PEU PRÉPARÉE À SON MÉTIER DE REINE.

Vive la reine!

Ce peuple est bien aimable. Il m'aime et je l'aime tant.

À VIENNE, ELLE A REÇU UNE ÉDUCATION TOURNÉE VERS LES ARTS. ELLE DANSE ET CHANTE BIEN, JOUE DU PIANO ET DE LA HARPE, MAIS DÉTESTE LIRE.

Votre Altesse, vous plairait-il de jouer un morceau?

IGNORANTE DES CONTRAINTES DE LA VIE DE COUR, ELLE SE HEURTE AUX OBLIGATIONS QUI RÉGISSENT LA VIE À VERSAILLES : « L'ÉTIQUETTE ».

Madame, il faut attendre que la marquise de Beaulieu vienne vous habiller.

J'ai trop froid! Pas question!

C'est l'étiquette, Madame.

MARIE-ANTOINETTE PREND L'HABITUDE DE SE RÉFUGIER DANS SES APPARTEMENTS PRIVÉS ALORS QU'ELLE DOIT PARAÎTRE AU MILIEU DE LA FOULE DES COURTISANS.

Ouf! Enfin seule!

À PROPOS DE LA REINE, ON S'INTERROGE, ON S'IMPATIENTE : APRÈS QUATRE ANS DE MARIAGE, ELLE N'A TOUJOURS PAS D'ENFANT. LA MISSION D'UNE REINE N'EST-ELLE PAS DE DONNER UNE DESCENDANCE AU ROYAUME ?

Sa taille est toujours aussi mince...

Pourra-t-elle donner un héritier?

Pas sûr.

À L'HEURE OÙ IL MONTE SUR LE TRÔNE, LOUIS XVI PEUT ÊTRE CONFIANT. IL HÉRITE D'UN ROYAUME AGRANDI DE LA LORRAINE ET DE LA CORSE. LA FRANCE TIENT SA RICHESSE DE SA POPULATION (26 MILLIONS D'HABITANTS), DE SON AGRICULTURE ET DE SON INDUSTRIE NAISSANTE.

Messieurs, mon royaume est le plus puissant d'Europe. Je me dois de le faire prospérer!

LE ROYAUME POSSÈDE DE BELLES ROUTES, LARGES ET PAVÉES. IL NE FAUT PLUS QUE SIX JOURS POUR ALLER DE PARIS À BORDEAUX, HUIT JOURS POUR MARSEILLE.

Dans trois jours, je serai à Rennes.

Quelle rapidité! Sois prudent.

LES MARCHANDISES SONT TRANSPORTÉES GRÂCE À UN RÉSEAU DE CANAUX LONG DE 1000 KILOMÈTRES.

Les Anglais en ont le double.

Pour transporter, nos vins de Bourgogne, il n'y a pas mieux.

EN CETTE FIN DE XVIIIE SIÈCLE, LA FRANCE EST AVIDE DE PROGRÈS. EN 1770, CUGNOT MONTE UNE MACHINE À VAPEUR SUR ROUES ET LE PREMIER BATEAU À VAPEUR REMONTE LE RHÔNE. EN 1774, LES FRÈRES MONTGOLFIER FONT VOLER LEUR BALLON GONFLÉ À L'AIR CHAUD!

CHACUN SE PASSIONNE POUR LES VOYAGES LOINTAINS. APRÈS BOUGAINVILLE QUI A DÉBARQUÉ À TAHITI EN 1768, ON PRÉPARE UNE EXPÉDITION DANS LES MERS DU SUD. ELLE SERA CONFIÉE À LA PÉROUSE.

De combien de navires avez-vous besoin, mon cher La Pérouse?

L'ENCYCLOPÉDIE, UN OUVRAGE COLOSSAL DE 35 VOLUMES ACHEVÉ EN 1772, PRÉSENTE LA SOMME DE TOUTES LES CONNAISSANCES.

Tout y est: les métiers, les techniques, les sciences, les idées!

L'ENCYCLOPÉDIE MET EN VALEUR LES IDÉES NOUVELLES DES PENSEURS ET PHILOSOPHES. ON LES APPELLE « HOMMES DES LUMIÈRES » CAR ILS APPORTENT UN ÉCLAIRAGE NOUVEAU SUR LE MONDE ET LA SOCIÉTÉ.

MONTESQUIEU · VOLTAIRE · DIDEROT · D'ALEMBERT · ROUSSEAU

LES PHILOSOPHES CRITIQUENT LE POIDS DE LA RELIGION, LE POUVOIR ABSOLU DES ROIS, L'INFLUENCE DES PUISSANTS. ILS DÉFENDENT LES LIBERTÉS DE PENSER ET D'ENTREPRENDRE.

Plus d'emprisonnement selon le bon plaisir du roi !

Plus de torture !

Liberté de prier comme on veut !

LEURS IDÉES SE RÉPANDENT VITE GRÂCE AUX LIVRES ET AUX JOURNAUX. ELLES SOULÈVENT L'INTÉRÊT DES GENS OUVERTS ET CULTIVÉS.

Lis ce livre. C'est le « Contrat social » de Jean-Jacques Rousseau. Tu verras, ça va loin !

Tu me le prêtes ?

LES BOURGEOIS ET LES NOBLES PASSIONNÉS PAR CES IDÉES SE RÉUNISSENT DANS DES « SALONS » ANIMÉS À PARIS PAR JULIE DE LESPINASSE OU MADAME GEOFFRIN. ON DISCUTE AUSSI AVEC FIÈVRE DANS LES CAFÉS.

Écoutez ce que dit Montesquieu : « les lois inutiles affaiblissent les lois nécessaires ».

Il dit aussi : « la liberté est de faire ce que les lois permettent ».

Tout dépend de qui fait les lois !

PARTOUT, LE PRESTIGE DE LA FRANCE EST IMMENSE. FASCINÉS PAR VERSAILLES LES ROIS S'EN SERVENT DE MODÈLE POUR BÂTIR LEURS PALAIS DE BERLIN, VIENNE OU ST. PÉTERSBOURG.

Sehr schön* ! On croirait Versailles !

C'est ce que je veux.

LA LANGUE FRANÇAISE S'IMPOSE DANS TOUTES LES COURS D'EUROPE. ON CHERCHE À IMITER LE RAFFINEMENT ET L'ART DE VIVRE « À LA FRANÇAISE ».

Votre Excellence d'Espagne, j'ai l'honneur de vous informer...

Oui, Votre Excellence d'Angleterre...

* Très beau !

MAIS LOUIS XVI HÉRITE D'UN PAYS QUI A UNE LONGUE HISTOIRE. SES STRUCTURES VIEILLES NUISENT AU BON FONCTIONNEMENT DE L'ÉTAT ET AU DÉVELOPPEMENT ÉCONOMIQUE.

Hélas, mon pays est vieux...

Que d'obstacles à sa modernisation !

LE ROYAUME N'EST PAS UNIFIÉ. IL RESSEMBLE À UN PUZZLE. LES DIVISIONS ADMINISTRATIVES, FINANCIÈRES ET MILITAIRES SE CHEVAUCHENT.

Quel casse-tête !

J'en ai des migraines !

SELON L'ENDROIT, C'EST TANTÔT LA JUSTICE DU ROI, TANTÔT CELLE DU SEIGNEUR, TANTÔT CELLE DE L'ÉGLISE QUI S'APPLIQUE.

Je suis en procès avec mon voisin. Je dépends du seigneur, et toi ?

Moi, c'est du roi... Ce n'est pas mieux. Qu'a fait ton voisin ?

LES POIDS ET LES MESURES DIFFÈRENT D'UN MÉTIER OU D'UNE PROVINCE À L'AUTRE.

Il m'a volé trois setiers* de blé !

Holà ! Je n'y comprends rien. Moi, je compte en boisseaux.**

LA SOCIÉTÉ EST TRÈS INÉGALITAIRE. SON ORGANISATION EN ORDRES OU ÉTATS REMONTE AU MOYEN ÂGE ET PARAÎT DE MOINS EN MOINS ADAPTÉE.

1ᴱᴿ ORDRE : LE CLERGÉ. IL EST DÉSUNI. LES ÉVÊQUES, CHANOINES OU ABBÉS QUI MÈNENT GRAND TRAIN ONT PEU À VOIR AVEC LES CURÉS ET LES MOINES QUI VIVENT DANS LA PAUVRETÉ.

2ᴱ ORDRE : LA NOBLESSE. ELLE S'OBTIENT PAR NAISSANCE MAIS PEUT AUSSI S'ACHETER. PEU NOMBREUSE, ELLE DISPOSE D'IMMENSES PROPRIÉTÉS ET DISPOSE DE PLACES RÉSERVÉES DANS L'ARMÉE ET L'ADMINISTRATION.

3ᴱ ORDRE : LE TIERS ÉTAT REGROUPE LE RESTE ET LA MAJORITÉ DE LA POPULATION. ON Y TROUVE DES RICHES (MARCHANDS, INDUSTRIELS) ET SURTOUT DES PAUVRES (ARTISANS, PAYSANS).

* 1 setier de Paris : environ 150 litres. ** 1 boisseau de Paris : environ 12,5 litres.

LA NOBLESSE ET LE CLERGÉ ONT DES PRIVILÈGES ET SONT DISPENSÉS DU PAIEMENT DE L'IMPÔT.

Nous sommes les moins nombreux...

Les plus riches...

Et nous ne payons pas d'impôts !

AUTRES PRIVILÈGES DE LA NOBLESSE : LE DROIT DE PORTER L'ÉPÉE, DE PRATIQUER LA CHASSE, DE PERCEVOIR DES TAXES SUR SES DOMAINES...

Est-ce bien utile de prendre votre épée pour parcourir vos champs ?

Évidemment !

LES PAYSANS SONT DE LOIN LES PLUS NOMBREUX. ILS FORMENT 80 % DE LA POPULATION FRANÇAISE ET SONT ÉCRASÉS D'IMPÔTS.

Tu as payé ta dîme à l'Église ?

Oui. Et aussi la taille au roi, et les droits seigneuriaux.

On est tondus comme des moutons.

LES BOURGEOIS SE SONT ENRICHIS PAR LE COMMERCE ET L'INDUSTRIE. MIS À L'ÉCART DES DÉCISIONS POLITIQUES, ILS ASPIRENT AU CHANGEMENT ET SONT SÉDUITS PAR LES IDÉES DES LUMIÈRES.

Il faut que ça change !

Et vite !

LOUIS XVI SAIT QU'IL DOIT RÉFORMER SON ROYAUME. IL S'ENTOURE DE MINISTRES COMPÉTENTS QUI PROPOSENT TOUS DES CHANGEMENTS IMPORTANTS.

Turgot, mon cher, prenez place et exposez votre projet.

MAIS LES PRIVILÉGIÉS S'OPPOSENT FAROUCHEMENT À TOUTE RÉFORME ET LE ROI N'OSE PAS LEUR TENIR TÊTE. IL RENVOIE SES MINISTRES LES UNS APRÈS LES AUTRES.

Turgot, vous êtes renvoyé.

Necker, vous êtes renvoyé.

Calonne, vous êtes renvoyé.

Loménie de Brienne, vous êtes renvoyé.

À PARTIR DE 1787, RIEN NE VA PLUS DANS LE ROYAUME ! À L'IMPUISSANCE DU ROI S'AJOUTENT D'AUTRES MAUX : FAILLITE DE L'ÉTAT, CRISE POLITIQUE, CRISE ÉCONOMIQUE...

Et cette serrure que je n'arrive pas à réparer...

Décidément, tout va de mal en pis !

LES FINANCES DU ROYAUME SONT TRÈS MAL EN POINT. LES IMPÔTS NE SUFFISENT PLUS À COUVRIR DES DÉPENSES DE PLUS EN PLUS LOURDES.

Aïe, aïe...

Dépenses   Recettes (Impôts)

LA REINE MARIE-ANTOINETTE EST DEVENUE TRÈS IMPOPULAIRE À LA SUITE DE L'AFFAIRE DU COLLIER : UNE ESCROQUERIE DONT ELLE EST VICTIME... MAIS DONT ON LA REND RESPONSABLE. ON LUI REPROCHE SON GOÛT POUR LES ROBES SOMPTUEUSES ET LES SOMMES QU'ELLE PARIE AU JEU.

À cause de l'Autrichienne, nous voilà sur la paille !

Hou ! Hou !

C'est une honte !

LES DÉPENSES LES PLUS LOURDES CONCERNENT L'AIDE À LA GUERRE D'INDÉPENDANCE AMÉRICAINE. À LA SUITE DE LA FAYETTE, UNE FLOTTE ENTIÈRE ET 6 000 HOMMES SONT ENVOYÉS POUR AIDER LES INSURGÉS.

En Amérique !

OR, CETTE AIDE EST FINANCÉE PAR DES EMPRUNTS DONT LE REMBOURSEMENT EST UN GOUFFRE.

Sire, la dette devient vertigineuse !

IL NE RESTE QU'UNE SOLUTION : PRENDRE L'ARGENT LÀ OÙ IL SE TROUVE, C'EST-À-DIRE FAIRE PAYER DES IMPÔTS AUX PLUS RICHES. MAIS LES PRIVILÉGIÉS CONTINUENT À S'Y OPPOSER. EN 1788, ILS SONT REJOINTS PAR LES PARLEMENTAIRES. LA CRISE DEVIENT POLITIQUE.

Nous sommes des vôtres !

Quelle idée de vouloir faire payer les plus riches !

À GRENOBLE EN JUIN 1788, DE GRAVES ÉMEUTES ÉCLATENT. LA FOULE BOMBARDE À COUPS DE TUILES DES SOLDATS VENUS DÉLOGER LES PARLEMENTAIRES PROPOSANT LA GRÈVE DE L'IMPÔT.

LA BAISSE DU PRIX DU BLÉ ET DU VIN DEPUIS 1775 A DIMINUÉ LES REVENUS DES PROPRIÉTAIRES, NOBLES POUR LA PLUPART. ILS RENFORCENT ALORS LES DROITS SEIGNEURIAUX QUI PÈSENT SUR LES PAYSANS.

Désormais, vous devrez payer pour faire paître vos vaches ici.

Mais Monsieur l'intendant, c'est pas Dieu possible !

EN VILLE, LE CHÔMAGE SÉVIT, SURTOUT DEPUIS UN TRAITÉ DE COMMERCE CONCLU AVEC L'ANGLETERRE.

FABRIQUE DE

On n'embauche pas !

Évidemment ! Avec les produits anglais qui ne coûtent rien, on ne fait plus rien ici !

À CES DIFFICULTÉS S'AJOUTE UNE GRAVE CRISE DE SUBSISTANCE QUI FAIT DOUBLER OU TRIPLER LE PRIX DU PAIN, PRINCIPALE NOURRITURE DU PEUPLE.

ULANGERIE

À ce prix là, on ne peut plus rien acheter…

Et alors, qu'allons-nous manger ?

DES CONDITIONS CLIMATIQUES DÉSASTREUSES AGGRAVENT ENCORE LA CRISE : PLUIES ET INONDATIONS EN 1787, FROID GLACIAL EN 1788.

Je m'en vais graver mon nom sur une arche du pont.

Et moi sur ma tombe.

ALORS QU'UNE GRANDE PARTIE DES RÉCOLTES EST PERDUE, LA MISÈRE S'ÉTEND DANS TOUT LE ROYAUME. ON MEURT DE FAIM ET DE FROID. LES PAYSANS APPAUVRIS N'ACHÈTENT PLUS RIEN. LE MÉCONTENTEMENT EST GÉNÉRAL, LA COLÈRE GRONDE.

Tenez mes braves, une pièce pour vous !

POUR DÉBLOQUER LA SITUATION, LES PRIVILÉGIÉS EN RÉVOLTE DEMANDENT LA CONVOCATION DES ÉTATS GÉNÉRAUX DU ROYAUME. LOUIS XVI DOIT LEUR CÉDER. IL FIXE UNE DATE : MAI 1789.

Eh bien, convoquons les états généraux puisqu'ils le veulent !

LES ÉTATS GÉNÉRAUX SONT UNE VIEILLE INSTITUTION DATANT DE LA FIN DU MOYEN ÂGE. ILS N'ONT PAS ÉTÉ RÉUNIS DEPUIS 1614.

Monsieur le curé, vous savez ce que c'est que... ces états généraux ?

PEU DE GENS SAVENT DE QUOI IL S'AGIT, MAIS CHACUN EN ATTEND BEAUCOUP.

C'est une assemblée de députés qui représentent les trois ordres du royaume...

Espérons qu'ils vont nous sortir de là !

AVANT QUE LES ÉTATS GÉNÉRAUX NE SE RÉUNISSENT, IL FAUT ÉLIRE LES DÉPUTÉS. COMBIEN SERONT-ILS ? ET SURTOUT, COMBIEN DE DÉPUTÉS PAR ORDRE ?

Enfin ! Les députés vont dire ce qu'on pense !

On n'en aura pas beaucoup pour nous !

LE CLERGÉ ET LES NOBLES VEULENT SUIVRE LE MODÈLE DE 1614...

Un nombre égal de députés pour chaque ordre, voilà qui est bien...

Et comme nous sommes les moins nombreux, voilà qui va nous avantager...

Les nobles et l'Église, vous n'êtes que 450 000 personnes !

Alors que nous représentons 27 millions de Français ! Le roi doit doubler le nombre de nos députés !

FINALEMENT, EN DÉCEMBRE 1788, LE ROI ACCEPTE LE DOUBLEMENT DES DÉPUTÉS DU TIERS ÉTAT. LES ÉLECTIONS SE DÉROULENT DANS L'ENTHOUSIASME.

291 pour le clergé...

270 pour la noblesse...

578 pour le tiers état...

1139 députés ! ça fait du monde !

L'ÉLECTION DES DÉPUTÉS S'ACCOMPAGNE DE LA RÉDACTION DES CAHIERS DE DOLÉANCES OÙ SONT MIS PAR ÉCRIT LES VŒUX ET DEMANDES DES SUJETS DU ROI.

Alors écrivez : notre roi sauveur, le meilleur de nos rois…

45 000 CAHIERS SONT RÉDIGÉS DANS LE ROYAUME. MAÎTRES D'ÉCOLE, EMPLOYÉS DE NOTAIRE OU AVOCATS TRANSCRIVENT LES DOLÉANCES DE CEUX QUI NE SAVENT PAS ÉCRIRE.

Pour une fois qu'on nous demande notre avis…

L'occasion est inespérée !

LES CAHIERS, RÉSUMÉS, SONT APPORTÉS AU ROI PAR LES DÉPUTÉS QUI SE RENDENT AUX ÉTATS GÉNÉRAUX.

J'espère que le roi va lire ce que j'ai fait écrire !

Moi aussi : plus de dîme ni de droits au seigneur !

Et vous, Monsieur le Marquis, qu'avez-vous écrit ?

Il faut que nous partagions le pouvoir avec le roi, que nos privilèges soient maintenus… même si nous devons nous résigner à payer des impôts !

À PARTIR DE LA MI-AVRIL 1789, LES DÉPUTÉS ARRIVENT À VERSAILLES. ILS SONT ANIMÉS PAR L'ESPOIR DE RÉFORMES PROFONDES. À TOUR DE RÔLE, ILS VIENNENT S'INCLINER DEVANT LE ROI SANS QUE CELUI-CI NE DISE UN SEUL MOT.

Au suivant !

LE 4 MAI SE TIENT UNE GRANDE PROCESSION DANS LES RUES DE LA VILLE.

Regarde les habits brodés d'or des nobles !

Ceux du tiers état sont bien sombres.

LE 5 MAI, LOUIS XVI OUVRE ENFIN LA SÉANCE. IL PRÉCISE QUE LUI SEUL DÉCIDERA DE CE QUI SERA DÉBATTU. PAS UN MOT SUR LES DOLÉANCES NI SUR LES RÉFORMES !

Ma parole, il se moque de nous !

Il va se mettre le peuple à dos !

?

C'EST À VERSAILLES QUE LA RÉVOLUTION SE MET EN MARCHE. UN BRAS DE FER S'ENGAGE ENTRE LES DÉPUTÉS DU TIERS ÉTAT, CEUX DES PRIVILÉGIÉS ET LE ROI.

Nous, gens de la noblesse, devons trouver de l'argent.

Nous, hommes du tiers état, exigeons des réformes !

Des réformes ? Quelles réformes ?

DÈS LE 6 MAI, LE CLIMAT EST TENDU ET LE PREMIER CONFLIT ÉCLATE : LES DÉPUTÉS VOTERONT-ILS PAR ORDRE OU PAR TÊTE, SOIT UNE VOIX PAR DÉPUTÉ ?

Nous voulons voter par ordre !

Comme en 1614 !

ALORS QUE LES POURPARLERS S'ÉTERNISENT, LE MINISTRE NECKER RENONCE À PROPOSER SON PROGRAMME DE RÉFORMES.

POUR SA PART, LE ROI EST ENFERMÉ DANS SON CHAGRIN : IL VIENT DE PERDRE SON FILS DE SEPT ANS.

Le roi ne peut être dérangé.

LE 17 JUIN, LES DÉPUTÉS DU TIERS ÉTAT, CONSIDÉRANT QU'ILS REPRÉSENTENT 95% DE LA NATION, DÉCIDENT DE SE PROCLAMER « ASSEMBLÉE NATIONALE ». C'EST LE PREMIER ACTE RÉVOLUTIONNAIRE !

Nous pouvons nous passer des autres !

Ils ne sont qu'une poignée par rapport à nous.

LE 20 JUIN LES PORTES DE LEUR SALLE SONT FERMÉES EN GUISE DE REPRÉSAILLES.

Voilà comment ils traitent les représentants du peuple !

Retrouvons-nous dans la salle du Jeu de paume !

C'EST LE « SERMENT DU JEU DE PAUME ».

Jurons de ne pas nous séparer avant que la constitution du royaume ne soit établie !

UNE CONSTITUTION EST UN TEXTE SOLENNEL QUI ORGANISE LE PARTAGE DES POUVOIRS ET ORGANISE LE FONCTIONNEMENT DE LA VIE POLITIQUE.

LE 23 JUIN, LOUIS XVI REFUSE EN BLOC TOUT CE QUI A ÉTÉ DÉCIDÉ PAR LE TIERS ÉTAT. IL ORDONNE AUX DÉPUTÉS DES TROIS ORDRES DE SE RETIRER CHACUN DANS LEUR SALLE. MAIS LE TIERS ÉTAT RÉSISTE.

Allez dire à ceux qui vous envoient que nous sommes ici par la volonté du peuple et que nous ne sortirons que par la force des baïonnettes !

Bravo, Mirabeau !

LE 27 JUIN, LE ROI EST MIS DEVANT LE FAIT ACCOMPLI. À CONTRECŒUR, IL AUTORISE LES DÉPUTÉS DU CLERGÉ ET DE LA NOBLESSE À REJOINDRE CEUX DU TIERS ÉTAT.

Eh bien, il ne vous reste plus qu'à aller les rejoindre !

Même si cela me paraît INACCEPTABLE !

LE MÊME JOUR, IL FAIT APPELER SECRÈTEMENT 20 000 HOMMES DE TROUPE POUR ENCERCLER LA VILLE.

À Versailles !

L'ASSEMBLÉE NATIONALE EST MAINTENANT FORMÉE DE TOUS LES DÉPUTÉS. LE 9 JUILLET, ELLE SE DÉCLARE « CONSTITUANTE », C'EST-À-DIRE QU'ELLE SE CHARGE DE PRÉPARER UNE CONSTITUTION.

Eh bien, mettons-nous au travail !

À PARIS, ON SUIT DE PRÈS LES ÉVÉNEMENTS DE VERSAILLES. LE 12 JUILLET, ON S'INQUIÈTE LORSQU'ON APPREND QUE NECKER EST RENVOYÉ ET QUE LES TROUPES SE RAPPROCHENT.

Cela ne me dit rien de bon, tous ces soldats !

DANS LES JARDINS DU PALAIS-ROYAL, LE JOURNALISTE CAMILLE DESMOULINS APPELLE AUX ARMES. PEU APRÈS, AUX TUILERIES, UN RÉGIMENT CHARGE LA FOULE. LA TENSION MONTE. LES PONTS SONT COUPÉS ENTRE PARIS ET VERSAILLES.

Aux armes !
Aux armes !

Aux armes !

PARTOUT, LE PRIX DU PAIN MONTE, EN RAISON DE LA MOISSON DE 1788, MÉDIOCRE. CELLE DE 1789 S'ANNONCE TRÈS MAUVAISE.

Tu as vu le prix ?

C'est pas possible, il paraît qu'il n'a pas été aussi haut depuis 1709 !

À PARIS, LE PEUPLE CHERCHE DES ARMES. À L'ARSENAL, AUX INVALIDES ET LE 14 JUILLET À LA BASTILLE, UNE PRISON D'ÉTAT, SYMBOLE DU POUVOIR ROYAL.

À la Bastille !

C'est là qu'ils gardent la poudre !

LES DÉFENSEURS BRAQUENT LES CANONS SUR LA FOULE ET TIRENT SUR ORDRE DU GOUVERNEUR DE LAUNAY.

DANS LES CELLULES, ON COMPTE 7 PRISONNIERS : 4 VOLEURS, 2 FOUS ET 1 NOBLE EMPRISONNÉ POUR DETTES.

LA FOULE PARVIENT À OUVRIR LA PORTE EN COUPANT LES CHAÎNES À LA HACHE.

POUR S'APPROCHER DE LA GRANDE PORTE SANS ÊTRE VUS, DES ÉMEUTIERS METTENT LE FEU À DEUX CHARRETTES DE PAILLE.

APRÈS QUATRE HEURES DE COMBATS, LA BASTILLE EST PRISE. ON DÉNOMBRE UNE CENTAINE DE MORTS.

CET ÉVÉNEMENT A UN GRAND RETENTISSEMENT. IL MARQUE L'IRRUPTION DU PEUPLE DANS LA RÉVOLUTION. LOUIS XVI ORDONNE LE RETRAIT DES TROUPES ET RAPPELLE NECKER.

Nous devons nous retirer !

Ordre du roi !

LE ROI DOIT RECONNAÎTRE LA NOUVELLE MUNICIPALITÉ DE PARIS, AINSI QUE LA GARDE NATIONALE QUI A LA TÂCHE DE MAINTENIR L'ORDRE PUBLIC.

Sire, acceptez cette cocarde tricolore, symbole de l'alliance entre vous et votre peuple.

Euh, merci... Bailly.*

* Jean Sylvain Bailly (1736-1793), premier maire de Paris.

APRÈS LE 14 JUILLET, UNE VAGUE DE RÉVOLTES SECOUE LES CAMPAGNES. LES MENDIANTS ET VAGABONDS ERRENT. C'EST LA « GRANDE PEUR ».

Et toujours rien à se mettre sous la dent !

LA RUMEUR ENFLE, LA PANIQUE GAGNE. ON FAIT SONNER LE TOCSIN, ON S'ARME POUR SE DÉFENDRE CONTRE DES MALFAITEURS INTROUVABLES.

DONG DONG

Garde ta faux et toi ta faucille, on va aller les trouver, ces brigands !

LE PLUS SOUVENT, LES PAYSANS EN ARMES S'EN PRENNENT AUX SEIGNEURS. ILS S'EMPARENT DES REGISTRES OÙ SONT INSCRITS LES DROITS SEIGNEURIAUX DÉTESTÉS ET LES BRÛLENT SUR LES PLACES DES VILLAGES. PARFOIS, ILS METTENT LE FEU AUX CHÂTEAUX ET TUENT LES OCCUPANTS.

LES COLPORTEURS ET LES COCHERS PROPAGENT LES NOUVELLES. LA GRANDE PEUR CULMINE ENTRE LE 20 JUILLET ET LE 5 AOÛT.

Au village d'où je viens, le curé a entendu dire que...

LES NOBLES NE SONT PAS LES SEULS À TREMBLER. À VERSAILLES, LES DÉPUTÉS BOURGEOIS POSSÈDENT AUSSI DES TERRES. IL FAUT ARRÊTER CES TROUBLES !

Si ça continue, toutes nos campagnes vont brûler !

POUR CALMER L'AGITATION, LES DÉPUTÉS DE VERSAILLES PROCLAMENT L'ABOLITION DES PRIVILÈGES, LA SUPPRESSION DES DROITS SEIGNEURIAUX ET DE LA DÎME! C'EST LA NUIT DU 4 AOÛT. DANS L'ENTHOUSIASME, TOUS SONT PRÊTS À SACRIFIER QUELQUE CHOSE...

Je renonce à mes droits de chasse!

Et moi à mes droits de pigeonnier!

Je ne veux plus toucher la dîme.

Je renonce aux taxes sur le blé!

...Houlà là!

AVEC LA DISPARITION DU SYSTÈME SEIGNEURIAL, L'ANCIEN RÉGIME N'EXISTE PLUS. LE CALME REVIENT DANS LES CAMPAGNES.

Incroyable! Plus de droits seigneuriaux!

Plus de privilèges!

LE 26 AOÛT, L'ASSEMBLÉE ADOPTE SOLENNELLEMENT LA DÉCLARATION DES DROITS DE L'HOMME ET DU CITOYEN.

Nous proclamons que les hommes naissent et demeurent libres et égaux en droits!

Tu sais ce que ça veut dire, toi, «la souveraineté de la Nation»?

Oui, ça signifie que le peuple, ou la Nation, c'est-à-dire nous, les citoyens, détenons le pouvoir.

Alors qu'avant, c'était le roi... tout seul!

TOUS CES ÉVÉNEMENTS PANIQUENT LES NOBLES DE LA COUR. ILS QUITTENT LA FRANCE ET ÉMIGRENT EN ALLEMAGNE, SUISSE, ANGLETERRE, ITALIE... CES «ÉMIGRÉS» VEULENT ORGANISER LA RÉSISTANCE À LA RÉVOLUTION. LOUIS XVI EST DE PLUS EN PLUS SEUL. SON ENTOURAGE ET MARIE-ANTOINETTE LUI CONSEILLENT DE REFUSER LES NOUVELLES MESURES.

Louis, vous ne pouvez accepter de dépouiller les privilégiés.

C'est odieux.

Ils vont trop loin!

UN NOUVEL INCIDENT SURVIENT LE 1ER OCTOBRE. À VERSAILLES, AU COURS D'UN BANQUET, DES SOLDATS PIÉTINENT LA COCARDE EN PRÉSENCE DE LA REINE.

La vôtre, de couleur noire, est plus flatteuse.

À PARIS, L'INDIGNATION EST À SON COMBLE. ELLE EST ATTISÉE PAR LA FAIM ET LE MANQUE DE TRAVAIL.

On a faim!

Ça ne peut plus durer!

LE 5 OCTOBRE, DES CORTÈGES SE FORMENT. LA FOULE DES PARISIENS, DONT BEAUCOUP DE FEMMES, SE DIRIGE VERS VERSAILLES, ENVAHIT L'ASSEMBLÉE NATIONALE ET S'INSTALLE POUR LA NUIT DEVANT LES GRILLES DU CHÂTEAU.

À Versailles!

À Versailles!

Du pain!

LE LENDEMAIN, LA FOULE FORCE LES GRILLES ET ENVAHIT LE CHÂTEAU. LA FAYETTE PERSUADE LE COUPLE ROYAL DE PARAÎTRE AU BALCON POUR CALMER LES ÉMEUTIERS.

Vive le roi!

À Paris!

LOUIS XVI CÈDE ET ACCEPTE DE VENIR À PARIS. IL S'INSTALLERA DANS LE VIEUX PALAIS DES TUILERIES. L'ASSEMBLÉE QUITTERA ÉGALEMENT VERSAILLES.

EN CE 6 OCTOBRE 1789, LES CARROSSES ROYAUX AINSI QUE DES CHARIOTS PLEINS DE SACS DE BLÉ ET DE FARINE S'ÉBRANLENT VERS PARIS. UNE FOULE IMMENSE LES ESCORTE. CERTAINS BRANDISSENT SUR DES PIQUES LES TÊTES DES GARDES TUÉS LE MATIN MÊME.

Nous ne manquerons plus de pain!

Nous ramenons le boulanger, la boulangère et le petit mitron!*

À Paris!

* Louis XVI, Marie-Antoinette et le dauphin.

PUISQUE L'ANCIEN RÉGIME N'EXISTE PLUS, IL FAUT RÉORGANISER DE FOND EN COMBLE LE PAYS ET BÂTIR UNE FRANCE NOUVELLE. LES DÉPUTÉS DE L'ASSEMBLÉE CONSTITUANTE ONT UNE TÂCHE IMMENSE.

D'abord rédiger la constitution!

Une constitution qui s'appuiera sur la déclaration des droits de l'homme et du citoyen!

Une constitution qui établit le partage du pouvoir entre le roi et une assemblée élue par la nation.

En somme, il s'agira d'une monarchie constitutionnelle.

Louis sera appelé « roi de Français », il nommera ses ministres et ambassadeurs.

Il aura un droit de veto pour s'opposer à une loi.

Elle sera composée de députés qui voteront les lois et le budget.

DÉSORMAIS, LES CITOYENS OBÉISSENT AUX MÊMES LOIS.

Nous ne sommes plus des SUJETS du roi, mais des CITOYENS!

Ça change tout!

LES ANCIENNES PROVINCES SONT REMPLACÉES PAR 83 DÉPARTEMENTS, DIVISÉS EN CANTONS ET COMMUNES.

D'où viens-tu?

Des Bouches-du-Rhône, commune d'Arles.

Faisons route ensemble.

LES CORPORATIONS RÉGLEMENTANT LES MÉTIERS DISPARAISSENT, TOUT COMME LES DOUANES INTÉRIEURES OU L'OCTROI À L'ENTRÉE DES VILLES.

Enfin la liberté de commerce dans tout le pays!

Je vais vendre mes saucissons à la foire!

LES ANCIENS IMPÔTS SONT REMPLACÉS PAR DES CONTRIBUTIONS PAYÉES PAR TOUS.

Ça ne me gêne pas de payer des contributions... du moment que tout le monde en paye, ah ah!

ET L'ARGENT ? COMMENT FAIRE POUR EN TROUVER ET PAYER LES DETTES DE L'ÉTAT ? IL Y A URGENCE ! L'ASSEMBLÉE PREND UNE MESURE RADICALE : ELLE CONFISQUE LES PROPRIÉTÉS DU CLERGÉ POUR LES VENDRE.

Plus de dîmes, plus de terres...

Qu'allons-nous devenir?

A vendre.

POUR OBTENIR DE L'ARGENT FRAIS, ON MET DES BILLETS EN CIRCULATION : LES ASSIGNATS. LEUR VALEUR EST GARANTIE.

Vous n'avez pas de monnaie?

Citoyen, ça vaut cinq livres et c'est GARANTI !

Euh... d'accord citoyenne.

LES PRÊTRES, ÉVÊQUES, CURÉS... DEVIENNENT DES FONCTIONNAIRES PAYÉS PAR L'ÉTAT. ILS CONTINUENT D'ASSURER L'ÉTAT CIVIL, L'ENSEIGNEMENT ET LA CHARITÉ...

Mon dieu, me voilà fonctionnaire.

... MAIS À CONDITION D'ÊTRE ÉLUS ET DE PRÊTER SERMENT À LA CONSTITUTION.

Je jure fidélité à la Nation.

Vade retro Satanas* !

MÊME SI DES DIVISIONS COMMENCENT À APPARAÎTRE, L'UNANIMITÉ PARMI LES FRANÇAIS PARAÎT TOTALE, LE 14 JUILLET 1790. CE JOUR-LÀ, PREMIER ANNIVERSAIRE DE LA PRISE DE LA BASTILLE, LA FÊTE DE LA FÉDÉRATION CÉLÈBRE DANS L'ALLÉGRESSE LA NAISSANCE DE LA FRANCE NOUVELLE.

Moi, roi des Français, je jure d'être fidèle à la Nation et de respecter les lois.

* Retire-toi, Satan!

21

Au cours de ces premières années de la Révolution, les Français font l'apprentissage de la politique. Affiches, gazettes, réunions publiques les passionnent. Ils participent avec enthousiasme. Quel bouillonnement !

Les partisans de la Révolution adoptent de nouveaux symboles : la cocarde tricolore portée sur le chapeau ou piquée sur le vêtement.

Le bleu et le rouge pour Paris...

Le blanc pour le roi.

Ils portent aussi des vêtements à rayures tricolores ainsi que le bonnet phrygien qui coiffait les esclaves affranchis de la Rome antique.

C'est le symbole de la liberté.

Dans les communes, on plante des arbres de la liberté. On les décore de rubans et de drapeaux.

Sur les demeures des aristocrates, les armoiries gravées sont détruites. Les titres comme « Monseigneur » ou « Excellence » disparaissent.

Ça va, citoyen ?

Les citoyens peuvent assister aux séances de l'Assemblée qui sont publiques. Pour repérer les tendances politiques des députés, c'est simple : à droite du président sont les nobles et partisans du roi.

Ceux qui sont à gauche du président sont les partisans fervents de la Révolution.

POUR ÉCOUTER DES DISCOURS ET DÉBATS PASSIONNÉS, IL SUFFIT DE SE RENDRE DANS LES CLUBS QUI SE MULTIPLIENT DANS LES VILLES. TOUTES LES TENDANCES SONT REPRÉSENTÉES. À PARIS, LES PLUS CÉLÈBRES SE TROUVENT DANS D'ANCIENS COUVENTS.

Je vais aux Cordeliers!

Viens plutôt avec nous aux Jacobins!

ON Y CROISE DES JOURNALISTES COMME DESMOULINS OU MARAT, DES AVOCATS COMME DANTON OU ROBESPIERRE. FORTS DE LEURS PERSONNALITÉS, ILS DEVIENNENT DES HOMMES POLITIQUES DE PREMIER PLAN.

Ah non! Je vais aux Cordeliers. Ce soir, il y a Marat et Danton... Je ne veux pas les rater!

ON PROFITE DE LA LIBERTÉ D'EXPRESSION. LES JOURNAUX SE MULTIPLIENT : 335 À PARIS, 400 EN PROVINCE EN 1790.

Tu as vu ce qu'écrit Marat dans l'Ami du peuple?

Le Père Duchesne d'Hébert, c'est encore plus gratiné!

LES CARICATURES FLEURISSENT. CE SONT DES ARMES POLITIQUES, DISTRIBUÉES DANS LA RUE OU PLACARDÉES SUR LES MURS.

Cette fois la justice est du côté du plus fort!

Ça c'est envoyé!

Regarde celle-là!

LA LOI A AUTORISÉ L'OUVERTURE DES THÉÂTRES. ON Y JOUE DES COMÉDIES ET DES PANTOMIMES : ENCORE DES OCCASIONS DE FAIRE DE LA POLITIQUE.

Les hommes ne se ressemblent-ils pas tous? Ne sont-ils pas de chair et d'os comme moi?

Bravo!

On est tous égaux!

LES CHANTEURS DES RUES, INSTALLÉS SUR LES PONTS, LES PLACES OU LES JARDINS PUBLICS, IMAGINENT DES PAROLES SUR DES AIRS CONNUS. LES PASSANTS LES REPRENNENT EN CHŒUR.

Ah ça ira, ça ira, Pierre et Margot chantent à la guinguette!

Ah ça ira, ça ira!

Ah ça ira, ça ira!

Pareil chambardement n'est pas du goût de tout le monde. Il crée des divisions profondes dans le pays, en particulier au sein du clergé.

Encouragés par le pape, de nombreux prêtres refusent de prêter serment à la Constitution. Ce sont les prêtres « réfractaires ».

Je ne prête serment que sur les saintes Écritures.

Dans les campagnes de l'ouest de la France, les paysans les soutiennent.

Nous sommes avec vous, Monsieur le Recteur.

Exilés à l'étranger, les émigrés partisans de l'Ancien régime souhaitent rétablir le roi dans tous ses pouvoirs.

Quand nous reviendrons, ils pourront trembler !

On les accuse de tramer des complots, comme celui des « chevaliers du poignard », déjoué en février 1791, qui visait à enlever le roi.

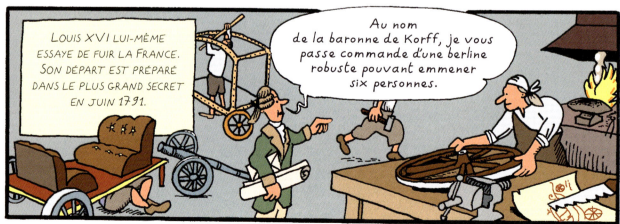

Louis XVI lui-même essaye de fuir la France. Son départ est préparé dans le plus grand secret en juin 1791.

Au nom de la baronne de Korff, je vous passe commande d'une berline robuste pouvant emmener six personnes.

LE SOIR DU 20 JUIN, LA FAMILLE ROYALE DÉGUISÉE QUITTE PARIS DANS UNE BERLINE QUI SE DIRIGE VERS LA FRONTIÈRE DE L'EST.

MAIS LE CONVOI PREND DU RETARD ET PERD L'APPUI DES TROUPES CHARGÉES DE LUI OUVRIR LE CHEMIN. LE 21 JUIN, IL EST ARRÊTÉ À VARENNES.

C'est Louis ! C'est le roi ! Je reconnais son profil sur cette pièce !

LA FAMILLE ROYALE EST RAMENÉE À PARIS OÙ UNE FOULE HOSTILE ET SILENCIEUSE L'ACCUEILLE, GARDANT POUR LA PREMIÈRE FOIS LE CHAPEAU SUR LA TÊTE. L'HEURE EST GRAVE. LE PEUPLE A PERDU CONFIANCE EN SON ROI.

CEUX QUI SE MONTRENT LES PLUS HOSTILES SONT LES SANS-CULOTTES : DES ARTISANS, DES BOUTIQUIERS QUI SE RÉUNISSENT DANS LES CLUBS OU LES SECTIONS DE PARIS OÙ SE TIENNENT DES ASSEMBLÉES.

LE SANS-CULOTTE EST COIFFÉ DU BONNET PHRYGIEN OU DU CHAPEAU À COCARDE.

LA PIQUE EST LE SYMBOLE DU PEUPLE EN ARMES.

IL PORTE UN PANTALON RAYÉ POUR SE DISTINGUER DES NOBLES HABILLÉS DE CULOTTES (PANTALONS COURTS) ET DE BAS DE SOIE.

ILS ORGANISENT DES MANIFESTATIONS À PARIS OÙ ILS DEMANDENT LA DÉCHÉANCE DE LOUIS XVI.

À bas le roi !

Déchéance !

Déchéance !

LE 17 JUILLET 1791, LA GARDE NATIONALE TIRE SUR EUX. C'EST LA « FUSILLADE DU CHAMP-DE-MARS » QUI FAIT UNE CENTAINE DE MORTS.

L'ASSEMBLÉE CONSTITUANTE, AYANT FINI SON TRAVAIL, LAISSE LA PLACE À UNE NOUVELLE ASSEMBLÉE ÉLUE EN SEPTEMBRE 1791.

SALLE DU MANÈGE

745 députés... ça fait du monde!

POUR FAIRE TAIRE LE MÉCONTENTEMENT DU PEUPLE, LES DÉPUTÉS PRENNENT DE NOUVELLES MESURES CONTRE LES ÉMIGRÉS ET LES PRÊTRES RÉFRACTAIRES. MAIS LE ROI S'Y OPPOSE.

Puisque j'ai le droit de véto, eh bien je vais l'appliquer: je dis NON!

DE LEUR CÔTÉ, LES SOUVERAINS ÉTRANGERS TREMBLENT. ILS CRAIGNENT LA CONTAGION RÉVOLUTIONNAIRE CHEZ EUX.

Mein Gott!* Voilà que mes paysans allemands se mettent à piller!

EN FRANCE, LES PARTISANS DE LA RÉVOLUTION PENSENT QUE LA GUERRE POURRAIT ÊTRE UNE BONNE CHOSE. ELLE RASSEMBLERAIT LE PEUPLE ET FORCERAIT LE ROI À CHOISIR SON CAMP.

La guerre!

Oui! La guerre!

LOUIS XVI SOUHAITE AUSSI LA GUERRE. IL ESPÈRE QU'ELLE LUI PERMETTRA DE RETROUVER SON POUVOIR PERDU.

Eh bien, la guerre aussi!

RARES SONT CEUX QUI S'Y OPPOSENT. PARMI EUX, ON COMPTE ROBESPIERRE.

Et si cette guerre allait faciliter l'ascension d'un militaire ambitieux?

DANS L'ENTHOUSIASME GÉNÉRAL, L'ASSEMBLÉE DÉCLARE LA GUERRE À L'AUTRICHE, LE 20 AVRIL 1792. ELLE IGNORE QU'ELLE VA DURER LONGTEMPS PUISQU'ELLE NE S'ACHÈVERA VRAIMENT QU'EN 1815.

Nous déclarons la guerre à l'Autriche!

Hourra!

Hourra!

Hourra!

* Mon Dieu!

Dès juillet 1792, Prussiens et Autrichiens envahissent le pays. Les Français, désorganisés par l'absence d'officiers qui ont émigré, vont de défaite en défaite.

L'Assemblée déclare alors « la Patrie en danger ». Les volontaires s'engagent en masse.

Je m'engage!

Moi aussi!

Les Parisiens apprennent que les Prussiens menacent de détruire Paris si l'on fait violence à Louis XVI. Persuadés que le roi veut les trahir, le peuple donne l'assaut au palais des Tuileries, le 10 août 1792. Le roi se réfugie à l'Assemblée, qui prononce sa suspension.

Louis XVI est enfermé à la prison du Temple.

Qu'allons-nous devenir?

Dans les prisons de Paris, on s'en prend à ceux qu'on soupçonne de trahison. Ce sont les sinistres « Massacres de Septembre ».

Au suivant!

À LA FIN DE L'ÉTÉ 1792, LA SITUATION MILITAIRE SEMBLE DÉSESPÉRÉE. MAIS LE 20 SEPTEMBRE, CONTRE TOUTE ATTENTE, LA VICTOIRE DE VALMY, EN ARGONNE, ARRÊTE L'INVASION. LA PATRIE EST SAUVÉE !

Nous avons repoussé les Prussiens !

DÈS LE LENDEMAIN, UN NOUVEAU RÉGIME POLITIQUE EST PROCLAMÉ : LA RÉPUBLIQUE. À PARTIR DE CE JOUR, LES ACTES PUBLIÉS SONT DATÉS DE « L'AN 1 DE LA RÉPUBLIQUE ».

Aujourd'hui, 21 septembre 1792, nous proclamons la République !

Vive la République !

UNE NOUVELLE ASSEMBLÉE EST ÉLUE AU SUFFRAGE UNIVERSEL MASCULIN.

Tu sais ce que ça veut dire, toi, « République » ?

C'est un régime politique où le peuple gouverne par l'intermédiaire de ses représentants élus. Le contraire de la monarchie !

LA NOUVELLE ASSEMBLÉE PREND LE NOM DE CONVENTION. LES 749 DÉPUTÉS QUI Y SIÈGENT SONT DIVISÉS EN TROIS TENDANCES.

À GAUCHE DU PRÉSIDENT, LES MONTAGNARDS, AINSI APPELÉS PARCE QU'ILS SE TIENNENT SUR LES BANCS LES PLUS HAUTS. PARMI EUX, ROBESPIERRE, MARAT, DANTON, SAINT-JUST... QUI VEULENT POUSSER TRÈS LOIN LA RÉVOLUTION. TRÈS INFLUENTS À PARIS, ILS S'APPUIENT SUR LES SANS-CULOTTES.

LE PUBLIC

À DROITE DU PRÉSIDENT, LES GIRONDINS. ILS SONT ÉLUS DE LA PROVINCE ET VEULENT RÉDUIRE L'INFLUENCE DE PARIS PAR RAPPORT AU RESTE DE LA FRANCE. ILS SONT MODÉRÉS ET COMPTENT DANS LEURS RANGS BRISSOT OU ROLAND.

AU CENTRE : LA PLAINE OU LE MARAIS. DES DÉPUTÉS AUX IDÉES MOINS PRÉCISES ET CHANGEANTES, COMME L'ABBÉ SIEYÈS, SOUTENANT LA DROITE OU LA GAUCHE SELON LES CIRCONSTANCES.

JUSQU'EN JUIN 1793, LES GIRONDINS DOMINENT LES DÉBATS À LA CONVENTION, EN DÉPIT DE L'OPPOSITION DES MONTAGNARDS.

Il faut juger le roi au plus vite!

Le procès! Le procès!

Rien ne presse...

LE PROCÈS DU ROI DEVIENT INÉVITABLE QUAND ON DÉCOUVRE SON ARMOIRE DE FER SECRÈTE.

En effet, ces lettres sont fort compromettantes.

LE PROCÈS DE LOUIS XVI DURE PLUS D'UN MOIS. LE ROI NIE TOUTES LES ACCUSATIONS. À LA SUITE D'UN VOTE À VOIX HAUTE DE CHAQUE DÉPUTÉ, IL EST CONDAMNÉ À MORT À UNE VOIX DE MAJORITÉ.

Louis doit mourir pour que la patrie vive!

Cet homme doit régner ou mourir!

AU MATIN DU 21 JANVIER 1793, LOUIS XVI EST GUILLOTINÉ SUR LA PLACE DE LA RÉVOLUTION (ACTUELLE PLACE DE LA CONCORDE). CET ÉVÈNEMENT MET FIN À HUIT SIÈCLES DE MONARCHIE. AU MOIS D'OCTOBRE, LA REINE MARIE-ANTOINETTE SUBIT LE MÊME CHÂTIMENT.

Peuple, je meurs innocent et je pardonne aux auteurs de ma mort!

Vive la Nation!

Vive la République!

EN DÉCIDANT LA MORT DU ROI, LES RÉVOLUTIONNAIRES VEULENT RENDRE IMPOSSIBLE TOUT RETOUR EN ARRIÈRE. MAIS ILS PRENNENT LE RISQUE D'UN CONFLIT GÉNÉRALISÉ AVEC L'EUROPE.

LA MORT DU ROI PROVOQUE EN EFFET UNE COALITION CONTRE LA FRANCE. L'EUROPE VEUT AUSSI S'OPPOSER À LA GUERRE QUE LA FRANCE LANCE À PARTIR DE 1792.

Allons porter notre révolution à nos voisins!

LA FRANCE VEUT SE DONNER SES FRONTIÈRES « NATURELLES », CELLES QUE LA NATURE A FIXÉES.

Le Rhin.

L'océan.

Les Pyrénées.

La mer.

Les Alpes.

AU PRINTEMPS 1793, LA SITUATION SE RETOURNE. LES ENNEMIS SE PRESSENT AUX FRONTIÈRES : L'HEURE EST GRAVE !

Allons donner une leçon à ces Français !

POUR REPOUSSER L'INVASION, UNE « LEVÉE EN MASSE » DE 300 000 HOMMES EST DÉCIDÉE. CHAQUE COMMUNE FOURNIT UN LOT DE SOLDATS TIRÉS AU SORT.

Puisque les volontaires ne suffisent pas… voici la liste.

DES TROUBLES ÉCLATENT EN VENDÉE OÙ LES PAYSANS REFUSENT D'ALLER SE BATTRE ET PRENNENT LES ARMES CONTRE LA RÉPUBLIQUE.

Défendre une république qui tue son roi et pourchasse les curés? JAMAIS!

JAMAIS!

ET OÙ TROUVER L'ARGENT ? LES DÉPUTÉS METTENT BEAUCOUP DE BILLETS (ASSIGNATS) EN CIRCULATION, MAIS CELA FAIT AUGMENTER LES PRIX.

Les assignats?

De la monnaie de singe!

À cause d'eux, les prix ne cessent de monter!

LES SANS-CULOTTES GRONDENT. ILS DÉNONCENT LES « ACCAPAREURS » QUI STOCKENT LE BLÉ EN ATTENDANT QUE SON PRIX MONTE.

À mort les accapareurs!

Du pain pour tous!

LES MONTAGNARDS, APPUYÉS PAR LES DÉPUTÉS DE LA PLAINE, SOUTIENNENT LES SANS-CULOTTES. LES GIRONDINS SONT ISOLÉS.

Le peuple a raison!

Hum…

Aïe…

EN JUIN 1793, UNE FOULE ARMÉE ENVAHIT LA CONVENTION ET OBTIENT L'ARRESTATION DES DÉPUTÉS GIRONDINS, ACCUSÉS D'ÊTRE DES ENNEMIS DE LA RÉVOLUTION. ILS SONT GUILLOTINÉS PEU APRÈS.

À mort!

À mort!

AUSSITÔT CONNUE, L'ÉLIMINATION DES DÉPUTÉS GIRONDINS SOULÈVE DES RÉGIONS ENTIÈRES CONTRE PARIS. EN JUIN, PLUS DE SOIXANTE DÉPARTEMENTS S'EMBRASENT.

C'EST LA RÉVOLTE DES «FÉDÉRALISTES» QUI VEULENT ACCROÎTRE LE POUVOIR LOCAL AU DÉTRIMENT DE PARIS.

À bas le pouvoir de Paris!

Le pouvoir à la province!

EN VENDÉE, C'EST LA GUERRE CIVILE. UNE VÉRITABLE ARMÉE DE NOBLES ET DE PAYSANS (LES BLANCS) MET EN DÉROUTE LES SOLDATS RÉPUBLICAINS (LES BLEUS). ILS S'EMPARENT DE CHOLET, SAUMUR, ANGERS...

Dans nos chemins creux, ils se cassent les dents!

Les Chouans de Bretagne vont se joindre à nous!

Dieu et le Roi

LE 13 JUILLET, L'ASSASSINAT DE MARAT PAR CHARLOTTE CORDAY FAIT MONTER ENCORE LA TENSION À PARIS.

LES SANS-CULOTTES ATTISENT LA COLÈRE DU PEUPLE QUI A FAIM. ILS EXIGENT DES MESURES DE PLUS EN PLUS RADICALES.

À la Convention!

S'ils refusent, nous nous débarrasserons d'eux!

POUR SAUVER LA RÉPUBLIQUE ET SATISFAIRE LES SANS-CULOTTES, LA CONVENTION PREND DES MESURES EXCEPTIONNELLES : « LA TERREUR EST MISE À L'ORDRE DU JOUR ».

Gouverner vite !

Frapper fort, briser toute résistance !

LA TERREUR EST UNE POLITIQUE IMPLACABLE QUI S'APPLIQUE À TOUS. ELLE VA DURER PRÈS D'UN AN.

Tu as peur, toi ?

Ben oui... C'est la Terreur !

UN GOUVERNEMENT DE GUERRE EST MIS EN PLACE. IL DISPOSE DE TOUS LES POUVOIRS POUR DIRIGER LES AFFAIRES DU PAYS.

LES DÉPUTÉS DE LA CONVENTION ÉLISENT DES COMITÉS.

LE COMITÉ DE SALUT PUBLIC DIRIGE LES AFFAIRES DU PAYS. IL EST DOMINÉ PAR ROBESPIERRE ET SAINT-JUST.

LE COMITÉ DE SÛRETÉ GÉNÉRALE FAIT LA CHASSE AUX SUSPECTS, SOIT TOUS CEUX QUI SONT SUPPOSÉS NUIRE À LA RÉVOLUTION.

CES DEUX COMITÉS S'APPUIENT À PARIS SUR LE CLUB DES JACOBINS ET LES SANS-CULOTTES DES SECTIONS. DANS LES DÉPARTEMENTS, DES COMITÉS DE SURVEILLANCE SONT CRÉÉS UN PEU PARTOUT. SI NÉCESSAIRE, DES REPRÉSENTANTS EN MISSION (COMME FOUCHÉ OU BARRAS) SONT ENVOYÉS POUR RÉTABLIR L'ORDRE.

LE TRIBUNAL RÉVOLUTIONNAIRE JUGE LES SUSPECTS, ARRÊTÉS SOUVENT SUR DÉNONCIATION. BEAUCOUP SONT CONDAMNÉS À MORT.

LA TERREUR POLITIQUE EST ALORS À SON COMBLE. 500 000 PERSONNES SONT ARRÊTÉES ET EMPLISSENT LES PRISONS. ENVIRON 40 000 SONT GUILLOTINÉES.

Allez ! Au rasoir national !

TURREAU ET SES « COLONNES INFERNALES » RAVAGENT LA VENDÉE. À NANTES, PRÊTRES ET PRISONNIERS SONT JETÉS DANS LA LOIRE.

DES MESURES RADICALES SONT PRISES, COMME LA RÉGLEMENTATION DU PRIX DU PAIN ET DES PRODUITS DE PREMIÈRE NÉCESSITÉ : VIANDE, BEURRE, BOIS, CHANDELLES...

Aujourd'hui, c'est trois sous. Mais demain?

Pareil : ils ont bloqué les prix.

DES RÉQUISITIONS ONT LIEU POUR APPROVISIONNER LES MARCHÉS PARALYSÉS PAR LES DIFFICULTÉS DE CIRCULATION.

Réquisition! Ordre de la République! vous êtes obligée de vendre vos poulets!

Mais... ce sont encore des poussins!

LE CALENDRIER CHRÉTIEN EST REMPLACÉ PAR LE CALENDRIER RÉVOLUTIONNAIRE. LES NOMS DES MOIS ÉVOQUENT LES SAISONS.

Comment on dit octobre, maintenant?

CHUT! On dit Vendémiaire.

ON FERME DES ÉGLISES, DES PRÊTRES SONT PERSÉCUTÉS, D'AUTRES SONT INVITÉS À SE MARIER. MARAT EST CÉLÉBRÉ COMME UN SAINT.

L'Être Suprême, voilà en quoi il faut croire!

Je venais juste prier saint Antoine pour qu'il m'aide à retrouver un objet perdu...

Honore plutôt Marat!

ON CHANGE LES NOMS DES VILLES ET VILLAGES ÉVOQUANT L'ANCIEN RÉGIME OU LA RELIGION CHRÉTIENNE. LE TUTOIEMENT EST DE RIGUEUR. ON S'APPELLE CITOYENNE OU CITOYEN.

Où pars-tu, citoyen Durand?

Pas très loin, à Bourg-la-Reine... euh... Bourg Égalité.

POUR RENFORCER L'ARMÉE, ON PROCÈDE À UNE NOUVELLE LEVÉE EN MASSE.

Enfin, cette fois nous sommes nombreux!

Oui, 1 200 000 hommes!

LAZARE CARNOT, CHARGÉ DES AFFAIRES MILITAIRES AU COMITÉ DE SALUT PUBLIC, NOMME DE NOUVEAUX CHEFS. IL EXIGE D'EUX UNE OBÉISSANCE ABSOLUE.

Marceau, Jourdan et Hoche, vous devez être à la hauteur de la tâche!

IL FAUT DES FUSILS ET DES CANONS. TOUT EST BON POUR FABRIQUER DES ARMES ET TROUVER DE LA POUDRE.

Quand on aura décroché les cloches, on arrachera les grilles du château!

Là où il est, le marquis n'en a plus besoin!

CETTE POLITIQUE AUDACIEUSE ET IMPLACABLE OBTIENT DES RÉSULTATS SPECTACULAIRES. L'ENNEMI EST REPOUSSÉ SUR TOUS LES FRONTS.

La République a vaincu!

L'EFFORT MILITAIRE PORTE SES FRUITS. DES VICTOIRES PERMETTENT DE FAIRE RECULER LES ARMÉES COALISÉES.

Arrière, soldats des tyrans et des despotes!

À TOULON, L'ARMÉE ASSIÈGE LA VILLE POUR LA REPRENDRE AUX ANGLAIS.

Ce petit capitaine d'artillerie corse a du talent.

Comment s'appelle-t-il déjà?

Buonaparte.

À L'INTÉRIEUR, TOUTES LES RÉVOLTES ANTIRÉPUBLICAINES SONT ÉCRASÉES AU PRIX D'UNE VIOLENCE INOUÏE.

Qu'on les élimine tous!

LES DANGERS ÉCARTÉS, FAUT-IL MAINTENIR LA TERREUR? OUI, RÉPONDENT LES PLUS RÉSOLUS. OUI, MAIS EN L'ATTÉNUANT, DISENT LES « INDULGENTS » TELS DANTON OU DESMOULINS.

Oui! Continuons!

Non! Non!

Doucement!

CES POSITIONS INQUIÈTENT ROBESPIERRE ET LE COMITÉ DE SALUT PUBLIC.

Nos amis d'hier sont devenus nos ennemis. Il faut les arrêter!

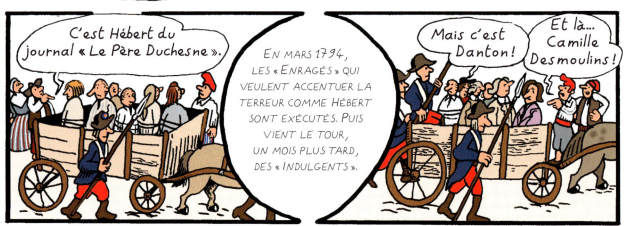

C'est Hébert du journal « Le Père Duchesne ».

EN MARS 1794, LES « ENRAGÉS » QUI VEULENT ACCENTUER LA TERREUR COMME HÉBERT SONT EXÉCUTÉS. PUIS VIENT LE TOUR, UN MOIS PLUS TARD, DES « INDULGENTS ».

Mais c'est Danton!

Et là... Camille Desmoulins!

ROBESPIERRE PARAÎT ALORS TOUT PUISSANT. AVEC INTRANSIGEANCE, IL EXERCE UNE VÉRITABLE DICTATURE AU PRINTEMPS 1794.

La Révolution est la guerre de la liberté contre ses ennemis.

LE 8 JUIN, IL PRÉSIDE À PARIS UNE CÉRÉMONIE CIVIQUE : LA FÊTE DE L'ÊTRE SUPRÊME, LE DIEU D'UNE NOUVELLE RELIGION.

Vive Robespierre!

Vive la Révolution!

PEU APRÈS, UNE NOUVELLE LOI INTENSIFIE LA TERREUR. ELLE PERMET DE POURCHASSER TOUS LES «ENNEMIS DU PEUPLE».

C'est qui, les ennemis du peuple? Il en reste encore?

Peut-être nous?

LA GUILLOTINE FAIT PLUS DE 1 300 VICTIMES EN UN MOIS. C'EST LA GRANDE TERREUR.

Au suivant!

LE 26 JUIN, LA VICTOIRE DE FLEURUS CONTRE LES AUTRICHIENS PERMET DE RÉCUPÉRER LA BELGIQUE. ELLE REND LA TERREUR INUTILE.

La victoire en chantant...

...nous ouvre la barrière!

PLUSIEURS GROUPES DE DÉPUTÉS CONSPIRENT CONTRE ROBESPIERRE QUI NE VEUT RIEN CHANGER.

Il faut l'abattre si nous voulons sauver notre peau!

LE 9 THERMIDOR DE L'AN 2 (27 JUILLET 1794), IL EST EMPÊCHÉ DE PARLER À LA CONVENTION, PUIS ARRÊTÉ AVEC SON AMI SAINT-JUST. ILS SONT GUILLOTINÉS DÈS LE LENDEMAIN AVEC UNE CENTAINE DE LEURS PARTISANS. LES SANS-CULOTTES NE LES DÉFENDENT PAS.

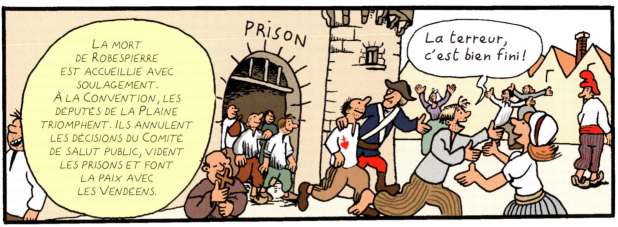

LA MORT DE ROBESPIERRE EST ACCUEILLIE AVEC SOULAGEMENT. À LA CONVENTION, LES DÉPUTÉS DE LA PLAINE TRIOMPHENT. ILS ANNULENT LES DÉCISIONS DU COMITÉ DE SALUT PUBLIC, VIDENT LES PRISONS ET FONT LA PAIX AVEC LES VENDÉENS.

PRISON

La terreur, c'est bien fini!

ATTACHÉS À LA RÉPUBLIQUE, ILS SE MÉFIENT AUTANT DU PEUPLE QUE DES ROYALISTES QUI RELÈVENT LA TÊTE PEU À PEU...

La République, oui, mais sans excès!

Finis, les excès!

LE PLAISIR ET LA DISTRACTION SONT À L'ORDRE DU JOUR. LA JEUNESSE DORÉE RIVALISE D'EXCENTRICITÉS.

Vous êtes INCROYABLE!

Et vous... MERVEILLEUSE!

DES BANDES ARMÉES PRENNENT POUR CIBLES LES JACOBINS ET LES SANS-CULOTTES. AVEC LES ROYALISTES, ELLES FONT RÉGNER LA « TERREUR BLANCHE ».

Tiens, prends ça pour ton Robespierre!

Et ça pour ton Marat!

LA LIBERTÉ ÉCONOMIQUE EST RÉTABLIE. LES PRIX NE SONT PLUS RÉGLEMENTÉS ET MONTENT EN FLÈCHE. L'HIVER 1794-1795 EST TERRIBLE.

Il fait si froid que les loups approchent, dit-on.

Ils sont comme nous, ils cherchent à manger.

LA MISÈRE SÉVIT. PARTOUT ÉCLATENT DES ÉMEUTES DE LA FAIM. AU PRINTEMPS 1795, LE PEUPLE ET LES SANS-CULOTTES ENVAHISSENT LA CONVENTION. L'ARMÉE EST APPELÉE POUR LES REPOUSSER.

Du pain!

À la Convention!

Halte, les sans-culottes!

UNE NOUVELLE CONSTITUTION INSTALLE LE DIRECTOIRE EN OCTOBRE 1795. DEUX ASSEMBLÉES FONT LES LOIS, CINQ DIRECTEURS PRENNENT LES DÉCISIONS.

Élus par les plus riches...

Plus question de suffrage universel...

FAIBLE ET INSTABLE, CE NOUVEAU POUVOIR EST INCAPABLE DE STOPPER LA HAUSSE DES PRIX. LES PLUS RICHES ÉTALENT LEUR FORTUNE.

Que faites-vous, Monsieur Antoine? Vous êtes si riche...

Je fournis les vivres de la Marine.

EN OCTOBRE 1795, LES ROYALISTES TENTENT UNE INSURRECTION À PARIS. ELLE EST MATÉE PAR BONAPARTE.

À LA TÊTE DE LA CONJURATION DES ÉGAUX, GRACCHUS BABEUF VEUT ÉTABLIR UNE SOCIÉTÉ COMMUNISTE. MAIS IL ÉCHOUE ET FINIT GUILLOTINÉ.

Mise en commun de tous les biens! Suppression de l'héritage! Signé: Convention des Égaux

Mise en commun de tous les biens?

C'est donc ça le... communisme?

DANS TOUT LE PAYS, L'INSÉCURITÉ RÈGNE, LA GUERRE CIVILE MENACE. DES BRIGANDS COURENT LES CHEMINS.

Voici le courrier de Lyon.*

Leur compte est bon!

LA GUERRE CONTRE L'AUTRICHE ET L'ANGLETERRE SERT L'AMBITION DE CHEFS MILITAIRES. BONAPARTE SE COUVRE DE GLOIRE EN ITALIE EN 1796. PUIS IL S'EMBARQUE POUR L'ÉGYPTE EN 1798.

LE DIRECTOIRE PENSE QU'IL ASSURE SA SURVIE PAR LA GUERRE, PAR LE PILLAGE ET PAR LES IMPÔTS PRÉLEVÉS DANS LES PAYS CONQUIS...

Ils vont être contents, les directeurs de Paris!

MAIS LE 18 BRUMAIRE DE L'AN 8 (9 NOVEMBRE 1799), BONAPARTE, APPUYÉ PAR L'ARMÉE, RENVERSE LE DIRECTOIRE PAR UN COUP D'ÉTAT. NOMMÉ CONSUL AVEC SIEYÈS ET DUCOS, IL OBTIENT TOUS LES POUVOIRS.

Citoyens, la Révolution est fixée aux principes qui l'ont commencée; elle est FINIE.

* Affaire du courrier de Lyon: attaque sanglante de la malle-poste allant de Paris à Lyon (avril 1796).

5 mai 1789
Séance d'ouverture des états généraux à Versailles.

17 juin
Les députés du tiers état se proclament Assemblée nationale.

14 juillet
Prise de la Bastille.

4 août
Abolition des privilèges.

5-6 octobre
La foule de Parisiens ramène le roi à Paris.

14 juillet 1790
Fête de la Fédération à Paris.

21 juin 1791
Arrestation du roi à Varennes.

20 avril 1792
Déclaration de guerre à l'Autriche.

10 août
Prise des Tuileries. Renversement de la monarchie.

21 septembre
Proclamation de la République.

21 janvier 1793
Exécution de Louis XVI.

Septembre 1793
Débuts de la Terreur.

27 juillet (9 thermidor) 1794
Exécution de Robespierre.

23 septembre 1795
Proclamation de la Constitution établissant le Directoire.

9 novembre 1799
Coup d'État du 18-Brumaire par Bonaparte.

OLYMPE DE GOUGES

Avec Anne Théroigne de Méricourt et Claire Lacombe, elle est l'une des premières à militer pour la cause féminine. En 1791, cette femme de lettres rédige la Déclaration des droits de la femme et de la citoyenne. Sa défense du roi et sa solidarité avec les Girondins lui valent d'être guillotinée.

LOUIS XVI

Marié à Marie-Antoinette d'Autriche, il monte sur le trône à vingt ans. À cause de son indécision maladive, il est entraîné par le flot des événements devenus incontrôlables. Son arrestation à Varennes en 1791 scelle son destin et sa perte. La monarchie est abolie et il meurt sur l'échafaud, le 21 janvier 1793.

MANON ROLAND

Cette femme intelligente exerce une réelle influence au sein du parti des Girondins dont son mari Jean-Marie Roland est l'un des chefs, aux côtés de Brissot. Comme la plupart de ses amis girondins, elle est exécutée en 1793. Avant sa mort, elle s'écrie : « Ô liberté, que de crimes on commet en ton nom ! »

GEORGES DANTON

Aux heures graves, il enflamme les foules avec ses discours. À la tribune des clubs (Cordeliers et Jacobins) puis à celle de la Convention où il est député, sa voix tonne pour pousser toujours plus loin la Révolution. Mais on s'en méfie. Il partage le même sort que Desmoulins en avril 1794.

MAXIMILIEN DE ROBESPIERRE

Cet avocat nourri par la pensée des Lumières est vêtu avec raffinement mais sa voix est criarde. Attaché à la moralité et à la vertu, il devient « l'incorruptible défenseur du peuple » en exerçant une dictature à partir de 1793. Il élimine avec froideur ses anciens amis et tombe à son tour en juillet 1794, le 9 thermidor.

CAMILLE DESMOULINS

Il bégaie mais sait faire entendre sa voix pour appeler le peuple parisien aux armes le 12 juillet 1789. Dans les journaux qu'il fonde et dans les clubs qu'il fréquente (Jacobins et Cordeliers) il expose ses idées avancées. Alors qu'il est député de la Convention, il s'oppose à Robespierre qui l'élimine en avril 1794.

Nous devons beaucoup à la Révolution, car ce temps fort de notre Histoire jette les bases d'un monde moderne, proclame de nouveaux principes, organise un État efficace et transforma la société.

Des principes hérités des Lumières

La Déclaration des droits de l'homme et du citoyen donne à l'individu une dignité nouvelle et fonde la démocratie moderne. Elle proclame trois principes essentiels : l'égalité devant la loi, la justice et l'impôt, la liberté de penser, de s'exprimer et de croire et le droit de propriété. Sur le plan politique, elle affirme que **la souveraineté appartient désormais à la Nation.** Les Français ne sont plus les sujets du roi et vivent dans une société où les privilèges sont supprimés. Par ailleurs, la Déclaration se veut universelle : elle s'adresse aux hommes de tous les pays.

Un État moderne

Ces principes donnent naissance à **la vie politique. Comme la Nation est souveraine,** les citoyens sont invités à choisir leurs représentants grâce à leur droit de vote. Une Constitution précise les libertés et les droits politiques des Français et l'organisation des trois pouvoirs séparés (exécutif, législatif et judiciaire). Tous les Français sont soumis à une même administration, une même fiscalité et une même justice. L'usage de la langue française s'impose à tous. Avec le système métrique, une nouvelle façon de peser et de mesurer est utilisée sur tout le territoire.

Des perdants et des gagnants

L'Église perd ses biens, souffre des persécutions mais garde son influence. Même si la noblesse n'a plus de privilèges, elle demeure une force économique et sociale. **Tous les paysans profitent de l'abolition des droits seigneuriaux**. Mais seuls les plus aisés ont pu acheter des biens nationaux. Quant aux notables de la bourgeoisie, ils tirent les plus grands avantages de la Révolution. Ils s'enrichissent en acquérant des biens nationaux. Grâce au droit de vote, ils participent activement à la vie politique du pays

Bleu, blanc, rouge !

La cocarde tricolore adoptée par les partisans de la Révolution porte les couleurs de Paris (bleu et rouge) et celle du roi (blanc). Bientôt, le drapeau tricolore devient le pavillon officiel de la France. Dessiné par le peintre David, ses bandes (bleu, blanc, rouge) sont verticales.

« Liberté, égalité, fraternité » est la devise de la France, adoptée en 1880. Liberté et égalité sont les principes énoncés dans la Déclaration des droits de l'homme et du citoyen de 1789. Le mot fraternité apparait aux côtés des deux autres à partir de 1848.

C'est le souvenir de la fête de la Fédération, à Paris, le 14 juillet 1790 que célèbre **la fête nationale du 14 juillet**. Cette date est choisie en 1880 et elle est préférée par les députés au 14 juillet 1789 qu'ils jugent trop violente.

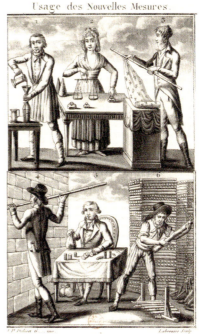

Usage des Nouvelles Mesures.

Un litre égal à une pinte ?

L'uniformisation des poids et mesures est fixée à partir de deux unités fondamentales : **le mètre pour la longueur et le gramme pour le poids**. Le mètre est défini comme « la mesure de longueur égale de l'arc du méridien terrestre compris entre le pôle Nord et l'équateur ». Le gramme comme « le poids absolu d'un volume d'eau pure égal au cube de la centième partie du mètre et à la température de la glace fondante ».

Pour aider la population à se familiariser avec ce nouveau système, la Convention a l'idée d'installer dans les lieux les plus fréquentés des villes des mètres-étalons. Mais il faut du temps pour s'y faire. Pendant longtemps encore, on mesure en aunes ou en toises !

Longs tâtonnements, discussions interminables, polémiques et imperfections accompagnent la construction de la France nouvelle qui, peu à peu, présente un visage rajeuni et étonne l'Europe.

La création des départements

Pour tracer les limites des départements en 1789, un principe simple est adopté : aucun point du département ne doit être éloigné d'un autre de plus d'une journée de cheval. Pour les désigner, on a recours à la géographie : montagne, fleuve, proximité de la mer, excepté **la Côte-d'Or**. Le nom de ce département, en Bourgogne, évoque la teinte dorée qui colore les vignes en automne et l'escarpement sur lequel elles poussent. **La Savoie** devenue française devient le département du Mont-Blanc. En 1793, le comté de Nice s'appelle **les Alpes-Maritimes**. **La Corse** est divisée en deux départements ainsi que celui de Rhône-et-Loire et le Vaucluse est créé.

De noms dans l'air du temps

Entre 1792 et 1795, pris par l'élan révolutionnaire, les députés décident de débaptiser villes et villages évoquant la religion (ceux portant le nom d'un saint) ou l'Ancien Régime (avec des mots comme roi, reine, duc, comte). En outre, les villes qui se sont soulevées contre la république en 1793 changent de nom par punition.

Ainsi, **Saint-Émilion** devient « Émilion-la-Montagne », **le Mont-Saint-Michel**, « Mont-Libre », **Versailles** est rebaptisée « Berceau-de-la-Liberté », **Château-Thierry**, « Égalité-sur-Marne ». **Marseille**, la rebelle qui a osé se révolter s'appelle « Ville-sans-Nom » ! Ces changements qui touchent 1 200 villes et villages sont supprimés à la fin de la Révolution.

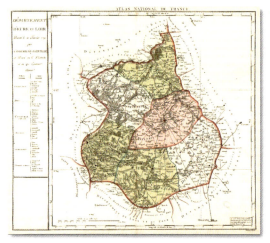

Carte du département d'Eure-et-Loir, créé le 21 janvier 1790.

Le port de Marseille au XVIIIᵉ siècle (tableau d'Horace Vernet)

Et la Bastille, qu'est-elle devenue ?

Dès le 16 juillet 1789, **on décide de la démolir**. Commence alors un chantier de titan qui dure presque trois ans sous la direction de Palloy, entrepreneur rusé et ardent patriote. Aucune difficulté à trouver de la main-d'œuvre. On se rue pour avoir l'honneur d'abattre la Bastille ! Même les curieux leur prêtent main forte, prélevant au passage quelques restes. C'est ce qui donne l'idée à Palloy de fabriquer des souvenirs : des médailles dans le fer des chaines, des encriers, des bustes en pierre et surtout des répliques miniatures qui sont offertes aux sections de Paris et aux départements. Mais la plupart des pierres sont revendues et servent notamment à la construction du pont de la Concorde.

Démolition de la Bastille
en juillet 1789
(aquarelle de J.-P. Houël)

Je vous présente mon fils qui est polytechno...

Polytechnicien, Papa.

Des élites pour l'avenir

Pour diriger une administration efficace et une armée où seuls le mérite et le talent comptent, **la République a besoin d'élites**. En 1794, elle fonde les premières grandes écoles : la future **École polytechnique**, l'école normale rebaptisée École normale supérieure en 1845, le Conservatoire national des arts et métiers. Un an plus tard, c'est au tour de l'École nationale des ponts et chaussées, de l'École nationale supérieure des mines de Paris, ainsi que beaucoup d'autres.

Un palais royal transformé en musée

Le 8 novembre 1793 est ouvert un lieu étonnant : le Muséum central des arts de la République où sont exposées les collections du roi devenues propriétés de la Nation depuis l'abolition de la monarchie ainsi que les œuvres saisies chez les émigrés et dans les églises. **C'est le futur musée du Louvre**. Il est destiné d'abord à former les artistes. Le public n'y est admis que le dimanche. À partir de 1794, il se remplit de trésors pris dans les territoires conquis et doit être réaménagé.

Projet d'aménagement
de la Grande Galerie
du Louvre (tableau
d'Hubert Robert, 1796)

AUX ARMES CITOYENS !

La déclaration de la guerre de la France à l'Autriche,
le 20 avril 1792, ouvre une nouvelle page de la Révolution.
Elle prend un tour encore plus radical.

Tous volontaires pour défendre la République ?

À l'annonce de « la patrie en danger » en 1792, **ils sont nombreux à s'engager**, mais ensuite, beaucoup moins. Alors, il faut recourir aux vieilles méthodes de l'Ancien Régime détestées par la population : quotas imposés aux départements, tirage au sort avec le renfort des gendarmes, si besoin est. Au cas où les parents s'opposeraient, obligation pour eux de payer les frais de logement des garnisons. Le nombre d'insoumis, de déserteurs et surtout la guerre qui se prolonge conduisent le Directoire à instaurer une sorte de service militaire obligatoire en 1798.

La Marseillaise

En 1792, Rouget de Lisle écrit et compose les premiers couplets du « **Chant de guerre pour l'armée du Rhin** » à la suite de la déclaration de guerre de la France à l'Autriche. Chanté par les révolutionnaires de Marseille qui prennent part à l'assaut des Tuileries, le 10 août 1792, il est surnommé la « Marseillaise ». C'est en 1889 qu'il devient l'hymne national français.

Une guerre pour diffuser les idées révolutionnaires ?

C'est le but affiché en 1792. **La France se bat pour la liberté des peuples**, et non pour agrandir son territoire. Quand le Comtat Venaissin demande d'être rattaché à la France, l'Assemblée refuse ! Cependant, peu à peu, la guerre révolutionnaire devient une guerre de conquête. Les frontières naturelles sont largement dépassées. Belgique et Rhénanie sont annexées et des « Républiques-sœurs » en Italie, en Suisse, en Hollande sont sous l'influence de la France. À partir de 1796, la guerre assure la survie du Directoire : elle remplit les caisses de l'État.

Une guerre qui innove

La bataille de Fleurus remportée contre les Autrichiens le 26 juin 1794 voit pour la première fois **l'utilisation militaire d'un ballon d'observation**, invention des frères Montgolfier. « L'Entreprenant », c'est son nom, peut observer du ciel le dispositif et les mouvements des soldats français et de leurs ennemis. Ce ballon espion affecte le moral de ces derniers. D'autres ballons sont construits, le « Vétéran », le « Précurseur », le « Svelte », le « Télémaque », l'« Hercule », l'« Intrépide ». Ils opèrent jusqu'en 1796.

M'as-tu vu ?

Le téléphone optique de Claude Chappe a une autre utilisation. Il s'agit d'un système de communication basé sur la transmission de messages entre des tours espacées d'une dizaine de kilomètres et situées sur des hauteurs. **Les messages sont constitués d'une suite de signaux**, grâce à des bras articulés. Ils sont lus à l'aide d'une longue-vue depuis la tour précédente, reproduits pour être lus de la tour suivante. Le 1er septembre 1794, la nouvelle de la victoire française de Condé-sur-Escaut met quinze minutes pour parvenir de Lille à Paris, moins d'une heure après l'événement.

Au palais des Tuileries

Ce palais vide et silencieux sent la poussière, **il n'a pas été occupé depuis près de deux cents ans**. Alors, on l'organise. Des meubles sont rapportés de Versailles. On abat des cloisons ou on en ajoute pour réaménager les appartements de la famille royale. Là, entourée de gardes nationaux et sous le regard des parisiens, elle vit dans l'angoisse, surtout après le retour de Varennes en juin 1791 où elle est arrêtée dans sa fuite. Le 10 août 1792, elle quitte le palais assiégé par la foule pour se réfugier non loin de là dans la salle du Manège, siège de l'Assemblée.

À la prison du Temple

Quelques jours plus tard, le roi retrouve dans **le sinistre donjon d'une forteresse** datant du Moyen Âge, Marie-Antoinette, les deux enfants, ainsi que madame Elisabeth, la sœur du roi. Logés à des étages différents, les prisonniers passent leurs journées ensemble à lire, à instruire le petit Louis Charles. Mais quand le procès du roi commence fin 1792, Louis XVI est séparé de sa famille. Après le départ des trois adultes pour l'échafaud, restent le jeune Louis XVII et sa sœur Marie-Thérèse.

Le dauphin Louis Charles de France, 1792 (peinture de A. Kucharski)

En arrivant à Paris, le soir du 6 octobre 1789, escortée par la foule des émeutiers, la famille royale ignore qu'elle vient de quitter définitivement Versailles qui entre dans un long sommeil.

Marie-Antoinette au palais des Tuileries, 1792 (pastel de A. Kucharski)

La reine à la Conciergerie

Du 2 août au 16 octobre 1793, Marie-Antoinette est détenue à la prison de la Conciergerie, une partie du palais de Justice situé dans l'île de la Cité. **C'est là qu'elle est interrogée dans l'attente de son procès**, puis extraite pour comparaître devant le Tribunal révolutionnaire. Elle quitte la prison au matin du 16 octobre pour être conduite à l'échafaud.

Le mystère Louis XVII

Louis Charles de France, second fils de Louis XVI et Marie-Antoinette, est mort officiellement le 8 juin 1795, vraisemblablement d'épuisement. Les circonstances troubles entourant son emprisonnement et sa mort provoquent « **la question Louis XVII** ». Plusieurs personnages essaient de se faire passer pour lui jusqu'en 1820. Le mystère semble levé depuis l'an 2000. L'analyse ADN du cœur qui aurait été prélevé par le médecin ayant pratiqué l'autopsie de l'enfant révèle qu'il est bien celui de Louis XVII, mort à la prison du Temple à l'âge de dix ans.

7 erreurs, absurdités ou anachronismes ont été volontairement glissés dans ce dessin. Sauras-tu les retrouver?

Réponses (de haut en bas de l'image) : 1. Photographe à la fenêtre (la photo a été inventée en 1839). **2.** Le panneau de sens interdit au coin de la rue. **3.** Four électrique (inventé en 1861) dans la boulangerie. **4.** Le soldat assis à gauche porte un fusil mitrailleur. **5.** Le carrosse est équipé de pneumatiques. **6.** Les « bouches d'incendie » n'existent pas à l'époque. **7.** La femme en bas à droite porte un sac de supermarché.

Où retrouver la Révolution?

La salle du Jeu de Paume, reconstituée à Versailles

HÔTEL DES MENUS-PLAISIRS

Le 5 mai 1789 les Députés prenaient place dans l'Hôtel des Menus-Plaisirs. C'est dans la salle de réunion que l'Assemblée Nationale vota l'abolition des privilèges (le 4 août 1789) et la Déclaration des droits de l'Homme et du Citoyen (le 25 août 1789)

À Versailles

• **Le château des rois de France**, avec la chambre de la reine qui a conservé sa décoration de 1789.
• **L'Hôtel des Menus-Plaisirs**, où s'est tenue la séance d'ouverture des états généraux.
• **La salle du Jeu de Paume** (rue du jeu de Paume).

À Paris

• **La place de la Bastille** (emplacement de l'ancienne forteresse).
• Le quartier du **faubourg Saint-Antoine**.
• **L'Hôtel de Ville de Paris**.
• **Le palais du Louvre**, devenu le plus vaste musée au monde.
• **Le jardin des Tuileries**, aménagé à l'emplacement du palais des Tuileries, détruit en 1871.
• **Le couvent des Cordeliers**, dans l'actuelle rue de l'École de médecine.
• **La prison de la Conciergerie**, « antichambre de la guillotine ».
• **Les places publiques** où étaient installés les échafauds :
Place de la Concorde (Place de la Révolution)
Place de la Nation (Place du Trône-Renversé)

En province

• **Lyon** : le quartier des Brotteaux, la place Bellecour.
• **Varennes-en-Argonne** (Meuse) où fut arrêtée la fuite de la famille royale.
• **Valmy** (Marne), théâtre de la bataille (20 septembre 1792).

La Conciergerie, dans l'île de la Cité à Paris

Les musées

• Musée Carnavalet (Paris).
• Musée Gadagne, Musée d'Histoire militaire (Lyon).
• Musée d'Argonne (Varennes).
• Musée de la Révolution française (Vizille).
• Le Logis de la Chabotterie à Saint-Sulpice-le-Verdon (En Vendée).
• L'Historial de la Vendée (Les Lucs-sur-Boulogne).
• Le musée des guerres de Vendée (Cholet).

Le célèbre moulin de Valmy symbolise la victoire sur les Prussiens.